AF465628

LA

POLITIQUE MONÉTAIRE

EN FRANCE ET EN ALLEMAGNE

PAR

M. E. DE PARIEU

MEMBRE DE L'INSTITUT

DEUXIÈME ÉDITION

PRIX : 2 FRANCS

PARIS

A. SAUTON, LIBRAIRE-ÉDITEUR

41, RUE DU BAC, 41

1872

...r à la quatrième page de la couverture l'extrait du catalogue des livres de fonds

[illegible]

[illegible]

[illegible]

[illegible]

[illegible]

LA

POLITIQUE MONÉTAIRE

EN FRANCE ET EN ALLEMAGNE

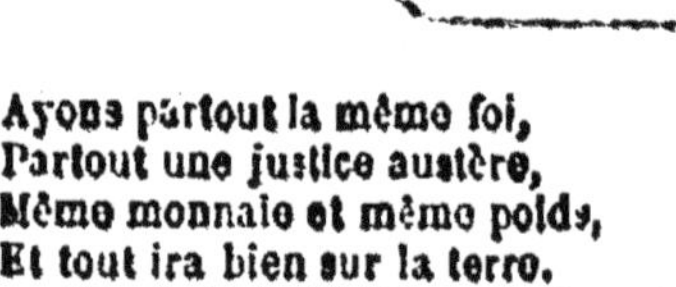

> Ayons partout la même foi,
> Partout une justice austère,
> Même monnaie et même poids,
> Et tout ira bien sur la terre.
> (*Traduit de Philippe de Hesse.*)

Vers 1858, l'empereur Napoléon III convoqua aux Tuileries une commission de finances, pour examiner la question monétaire soulevée par le changement des relations de valeur entre l'or et l'argent, changement dont résultait la disparition progressive des espèces d'argent.

Cette question avait été entreprise déjà à l'origine du mouvement vers la prédominance de l'or, dans une commission présidée par M. Thiers en 1850, et elle avait été complètement abandonnée depuis, la commission ayant renoncé à son œuvre.

Le petit conseil de finances convoqué par l'Empereur comptait, si ma mémoire est fidèle, trois ministres, trois ou quatre membres du conseil d'État, dont je faisais partie, et un ou deux financiers (autres que des *financiers d'État*), financiers *ad utilitatem suam*, les seuls dignes de ce nom pour la crédulité d'une bonne partie de notre public français.

On agita plusieurs solutions, et il m'arriva de dire isolément que le remède à la situation était dans l'imitation du système monétaire anglais : l'étalon d'or et la monnaie d'appoint en argent. On s'ajourna pour réfléchir, et en sortant de la réunion, je crus m'apercevoir que ma proposition causait plus de surprise que de conviction.

J'eus recours à la presse : la *Revue contemporaine* et le *Journal des Économistes* reçurent annuellement des articles à l'appui de mon idée.

L'une de ses moitiés, si je puis parler ainsi, celle qui concernait l'établissement des monnaies d'appoint d'argent, passait en 1865 dans la convention monétaire entre la France, la Suisse, la Belgique et l'Italie[1], et elle a gagné de nombreux adhérents dans les États du continent.

L'autre moitié, relative à l'adoption de l'étalon d'or unique, a obtenu dans une commission administrative importante dont le rapport a été publié en 1869, et dans une enquête faite devant le Conseil supérieur du commerce en 1870, une majorité imposante, sans passer encore chez nous dans l'ordre législatif.

Le système que je crois avoir contribué à faire triompher en partie n'est pas, à mes yeux, un simple expédient; c'est l'application d'un principe, comme presque tout ce que j'ai cru devoir proposer en matière financière depuis de nombreuses années.

Un expédient est stérile et ne se reproduit point, une fois qu'il a rendu le service qu'on attend de lui.

Un principe, s'il est juste, est au contraire fécond, et l'imitation plus ou moins complète du système monétaire anglais a été assez propagée en Europe pour que divers essais d'unification monétaire sur cette base aient pu en être la suite.

Le système des monnaies d'appoint d'argent a acquis depuis 1857 une grande extension dans le monde; et la monnaie si portative que fournit l'or répond de plus en plus aux besoins d'une société riche, portée aux voyages, etc.

Aussi dans la conférence de 1867, qui a tenté pour les monnaies ce qui a été réalisé pour les relations télégraphiques, a-t-on adopté le vœu pour l'unification des monnaies du monde sur la base de l'étalon d'or divisé en types aisément commensurables avec les pièces d'or françaises, multiples de 5 francs. Et à peine la conférence de 1867 était-elle close que le gouvernement autrichien s'empressait d'en sanctionner les principes dans une convention préliminaire avec la France[2].

1. Voyez l'Annexe.
2. Cette convention est insérée dans le *Journal des Économistes* d'avril 1868. L'article 1er renferme la déclaration de l'accession de l'Autriche sous cer-

La guerre de 1870, à côté de malheurs plus grands, a eu celui dont nous déposions, dans le *Journal* mensuel *des Économistes* du 15 août 1870, le pressentiment et le regret, d'interrompre le mouvement commencé pour l'unification des monnaies en divers États.

C'est en Allemagne surtout que l'idée de coordination avec le système monétaire français a été ébranlée, et divers systèmes d'union purement allemande, sans égard aux convenances internationales, se sont produits.

Il a été d'abord question, au commencement de 1871, de généraliser le thaler dans toutes les parties de l'Allemagne. C'est actuellement une monnaie d'argent. Il était question de lui superposer un équivalent et un synonyme en or, notamment une pièce de 10 thalers. Il y aurait eu 465 thalers taillés dans une livre allemande, ou demi-kilogramme d'*or fin*, et on faisait rentrer dans le régime de cette monnaie nouvelle les systèmes divergents usités dans diverses parties de l'Allemagne.

Par cette combinaison, qui semblait devoir constituer un régime analogue à notre double étalon, on conciliait l'état de la circulation métallique prussienne avec les nécessités d'avenir et avec l'utilité reconnue de l'or.

Ce projet a trouvé en Allemagne divers contradicteurs.

En quoi la formule = 465 thalers d'or dans une livre d'or fin, est-elle en effet plus métrique que notre formule de l'an XI pour la monnaie d'or = 155 pièces de vingt francs par kilogramme d'or à 9/10 de fin, formule à laquelle on a reproché, chez nos voisins, de ne pas diviser le kilogramme d'or assez décimalement? Celle-ci, en présentant une garantie pour la décimalité de l'alliage, a même une valeur internationale supérieure à celle qui prend pour base l'or fin; car si les peuples adoptaient des alliages différents, ils pourraient avoir des monnaies de valeur identiques d'apparences très-diverses, et ils manqueraient ainsi un des plus grands buts poursuivis dans l'unification monétaire, à savoir la commodité populaire des échanges autant que la facilité des relations de banque.

taines réserves à la convention de 1865 entre la France, la Belgique, l'Italie et la Suisse.

L'article 2 contient l'obligation pour l'Autriche de mettre son florin de 2 fr. 50 en rapport avec le franc par une double inscription de la valeur en francs et de la valeur en florins sur celles de ses pièces dont la dimension rendra cette double inscription possible.

Je ne dirai rien d'une proposition faite pour établir le système monétaire allemand sur la base du *ducat*, type insolite et archaïque [1].

L'honneur de l'Allemagne exigeait que des tendances plus conciliantes se fissent jour.

Un homme distingué par ses antécédents personnels et par le nom qu'il porte et qui rappelle en France et en Allemagne des services très-divers rendus à la science, a, il y a un an, publié son opinion sur cette question monétaire qui, dans plusieurs pays de l'Europe, est si activement agitée depuis quelques années. Ce n'est pas une simple brochure, c'est presque un volume que M. Maurice Mohl a fait paraître sur un sujet qui a fait l'objet d'une sorte de concours public en Allemagne, il y a peu d'années, concours dans lequel les écrivains de la Bavière et ceux du midi de l'Allemagne en général ont eu leur part considérable de succès.

C'est aussi à cette région méridionale qu'appartient M. Maurice Mohl, région intelligente et qui dans la question monétaire doit à ses nombreux contacts avec la Suisse, l'Italie, l'Autriche, la Hongrie, des instincts internationaux plus sympathiques que ceux de l'Allemagne du Nord.

Une enquête monétaire avait été annoncée par le gouvernement de Berlin, disait-on. M. Mohl a pris la parole dans sa publication sur la *question monétaire* (*Zur Münzfrage*, Tubingen, 1871) et n'a pas attendu une convocation officielle pour dire son mot. Il a commencé par retracer les faits et les précédents de la matière avec ce soin érudit qui distingue ses compatriotes, et si quelque document récent lui avait échappé, ce serait parmi ceux que tous les gouvernements n'ont pas, comme le gouvernement anglais, l'attention de livrer au commerce, dès qu'ils ont été mis en circulation dans un monde officiel souvent restreint.

Après s'être, suivant son expression, *orienté* dans les précédents du sujet, M. Mohl étudie les procès-verbaux de la conférence monétaire de 1867, et, en en faisant connaître les résultats à ses compatriotes, il veut bien avoir quelque indulgence pour la direction que nous avons personnellement imprimée aux premiers travaux de cette réunion. Le traité préli-

1. Voyez l'écrit intitulé: *Zur deutschen Wahrungs und münzfrage*. Berlin, 1871.

minaire entre la France et l'Autriche, l'enquête de 1868 en France, les réponses faites à cette époque par les trésoriers payeurs généraux et par les chambres de commerce, ainsi que par la Banque de France, sont analysés par M. Mohl avec un soin que certaine prédilection de sa part pour le double étalon ne prive pas d'impartialité.

Après un coup d'œil jeté sur les vues américaines dans la question monétaire, M. Mohl aborde la solution des difficultés allemandes, qui est l'objet principal de son écrit.

A ce point de vue, l'union constituée par la convention monétaire de 1865 et le plan plus élastique quoique voisin de l'unification monétaire sur les bases de la conférence de 1867 sont mis en parallèle par M. Mohl, et c'est pour l'union la plus étroite de l'Allemagne avec l'agglomération latine de la France, de l'Italie, de l'Espagne, de la Suisse et de la Belgique, qu'il se prononce avec une grande décision.

L'Allemagne s'adjoignant aux 94 millions d'âmes qui tendent à se grouper sous le système monétaire d'origine française, entraînerait en outre, suivant M. Mohl, l'Autriche, les pays scandinaves et la Hollande, et plus tard le reste de l'Europe.

Les avantages de l'unification monétaire sont démontrés par lui avec une grande force, comme les compléments de la grande *solidarité de tous les marchés de la terre* établie par les chemins de fer, la navigation à vapeur et les lignes télégraphiques[1].

Un tableau vaste des connexités commerciales de toute l'Allemagne telles que les voies ferrées les ont établies, fait voir combien d'obstacles aux relations des diverses parties de la Germanie et des pays qui l'avoisinent ont déjà été levés par l'introduction du système métrique des poids et mesures.

« Mais, ajoute avec force M. Mohl, le but de l'accord n'est pas atteint si l'unité monétaire de compte n'est pas identique, si l'un fait son prix en thalers, l'autre en marcs, en gros et deniers, un autre en florins et kreuzers au type autrichien, un troisième en florins et kreuzers du Rhin, un quatrième en florins et centimes hollandais, un cinquième en livres sterling, schillings, pences et farthings, etc., etc.[2] »

Si les peuples se réunissaient dans le même système monétaire, ajoute encore M. Mohl, que de promptitude, de sûreté et

1. Page 98.
2. Page 103.

de bon marché, introduits dans les affaires commerciales, que de millions d'économies épargnés, que de changes simplifiés!

« Qu'on demande, par exemple, à un Suisse s'il voudrait renoncer aux facilités que lui procure journellement ou à chaque heure l'adoption du système français des poids, mesures et monnaies. Il répondrait qu'il ne veut y renoncer pour rien au monde! Ces facilités s'accroîtront en proportion géométrique par l'extension de l'unité. Si l'Allemagne, si l'Autriche, la Hollande, la Scandinavie, la Russie, la Turquie, et enfin l'Angleterre, y accèdent, si l'avalanche grossit et entraîne tous les peuples civilisés, la commodité et l'utilité seront d'un prix incalculable[1]. »

Après un témoignage aussi éloquent en faveur de l'unification monétaire, nous ne rechercherons pas si M. Mohl tient assez compte pour l'avenir de l'utilité spéciale de la monnaie d'or, et s'il ne conserve pas trop d'indulgence pour le double étalon. Son opinion dans ce dernier sens serait, suivant nous, plus acceptable pour l'Allemagne que pour l'avenir de la France. En tout cas, son livre est un plaidoyer puissant pour l'idée d'un système international que les ressentiments de la guerre n'ont peut-être éclipsé que temporairement chez quelques économistes allemands. On voit qu'aux yeux de M. Mohl la question en était en 1871 au même point qu'en 1867.

Si alors la conférence internationale de Paris a décidé que l'unité devait se faire dans l'ordre monétaire, en gravitant vers le système français, sauf quelques perfectionnements, la guerre de 1870 n'a pu rien changer à cette constatation. La tendance de M. Mohl est même d'être un peu plus Français que la conférence de 1867 ne l'a été ou n'a été d'avis de l'être en matière monétaire. La conférence de 1867 a admis que le système monétaire de notre loi de l'an XI *devait* être amélioré par l'adoption de l'or comme étalon unique, et en outre qu'il *pouvait* être imité utilement dans quelques États, sans être absolument reproduit, par exemple en prenant des unités de compte multiples du franc, comme le florin de 2 fr. 50 ou le thaler ramené à 5 francs de valeur exacte. M. Mohl ne veut pas de moyen terme et n'accorde rien aux désirs d'originalité nationale, non plus qu'à la théorie de l'étalon unique.

1. Page 106.

Les idées exprimées dans l'écrit de M. Mohl semblaient ne pouvoir être combattues en Allemagne que par deux mobiles : en cherchant à avoir une unité d'or plus métrique que la monnaie française, et d'autre part en visant à affirmer davantage la théorie de l'étalon unique ou peut-être à établir entre l'or et l'argent un rapport plus favorable au premier de ces métaux que celui qui est admis par la législation française.

Mais le premier but ne serait obtenu que par l'adoption de la *couronne d'or*[1] comme base du nouveau système monétaire; et cette mesure aurait de graves inconvénients de transition, en même temps qu'elle écarterait toute pensée de rapprochement avec le système monétaire de l'Europe occidentale, système avec lequel la *couronne* n'a qu'un rapport irrégulier.

L'idée de donner à l'or un rapport de valeur avec l'argent plus favorable qu'en France et de marcher ainsi plus décidément vers le but de l'étalon d'or unique, était beaucoup plus à l'abri de la critique et rentrait plus dans les mesures d'*émulation* que dans celles de *contradiction* relativement aux nations réunies par la convention de 1865.

Mais le goût d'émulation scientifique dont l'Allemagne est animée par rapport à nous, paraissait contrarié ici par son état économique. L'Allemagne est plus pauvre que la France; et la monnaie d'argent, ainsi que M. Mohl l'indique souvent, s'adapte plus aux nécessités de transactions peu coûteuses que la monnaie d'or. Celle-ci devient presque incommode par sa ténuité sous le type de 5 francs et ne peut descendre au-dessous, bien que M. Rau parle dans un de ses livres d'une monnaie orientale en or d'environ 3 francs seulement de valeur.

Les conclusions de M. Mohl étaient donc dignes de fixer l'attention de l'Allemagne, sauf à elle, si elle voulait faire quelque chose pour l'originalité de ses traditions propres, à prendre pour unité par exemple le florin d'or de 2 fr. 50, qui comptait parmi ses financiers plus d'un partisan.

Il a été tenu à Lübeck, dans les premiers jours d'août 1871, une réunion d'économistes dont les conclusions ont en partie justifié, pour ce qui concerne l'*étalon*, ce qui paraissait la conséquence logique des observations auxquelles nous venons de nous livrer, mais ont aussi manifesté l'introduction d'une vue

1. Pièce de 10 grammes d'or fin, décrétée en 1857, mais sans cours fixe dans la circulation allemande.

politique qu'il importe de constater et de définir, et qui est peu favorable à l'unification monétaire générale et notamment européenne. Les conclusions du congrès des économistes allemands de Lübeck sont résumées dans les termes suivants par le *Bremer Handelsblatt* du 9 septembre 1871[1].

1° La réforme du système monétaire dans l'empire d'Allemagne est un besoin pressant.

2° L'état économique actuel de l'Allemagne et de ses principaux États, ainsi que la situation financière de l'empire et de ses États particuliers, sont extraordinairement favorables à cette réforme.

3° Il ne faut donc point différer une réforme monétaire radicale, et il est désirable qu'un projet de loi pour l'établissement d'un système unitaire de monnaie pour l'Allemagne entière soit présenté au parlement allemand dans sa prochaine session.

4° Il y a lieu de recommander comme idées fondamentales de ce projet de loi les points suivants :

a. Système monétaire unique pour toute l'Allemagne sur le fondement de l'étalon d'or unique, but de la réforme;

b. Choix comme unité allemande d'une monnaie dans un rapport facile avec le thaler;

c. Division de l'unité monétaire définitive suivant le système décimal, avec la possibilité de subdiviser par quart la plus petite monnaie décimale;

d. Règlement du poids en or fin des principales monnaies d'or, de manière que leur dixième partie qui constituerait l'unité de compte corresponde à 20 silbergros actuels[2];

e. Pour l'accomplissement de la réforme, période transitoire (*Ubergangstadium*) pendant laquelle on frappera les monnaies d'or du système définitif en quantité suffisante, et l'on retirera les monnaies d'argent courantes, à l'exception de celles qui pourraient être ultérieurement conservées comme monnaies d'appoint. Les pièces d'argent laissées en circulation pendant la période transitoire serviront de moyen libératoire légal comme parties aliquotes de la nouvelle monnaie d'or impériale. La loi monétaire doit décider que les particuliers pourront faire frapper, moyennant une redevance calculée sur les dé-

1. Voir aussi le *Journal des Débats* du 15 septembre, quoique moins complet.
2. Équivalant à 1 florin ancien d'Autriche.

boursés réels, des pièces d'or dans les hôtels monétaires, mais qu'il n'y aura plus aucune fabrication de monnaies courantes en argent.

5° Jusqu'à la fixation de la nouvelle loi monétaire pour l'empire d'Allemagne, il y a lieu d'éviter toutes les mesures provisoires qui n'ont pas pour but la réalisation du plan de réforme général. En particulier, il convient d'éviter l'émission des nouvelles monnaies d'or avant la fixation du système général.

Ces décisions du congrès économique de Lübeck, qui paraissent n'avoir pas été adoptées sans égard pour l'opinion régnante *dans les sphères gouvernementales* de Berlin, manifestent l'abandon de la tendance vers une plus grande *métricité* du système monétaire qui semblait, d'après la logique et d'après plusieurs manifestations antérieures, pouvoir être l'un des buts recherchés par l'Allemagne, mais elles constatent aussi l'abandon du désir de rapprochement avec le groupe de la convention de 1865.

Une pièce de 10 florins anciens d'Autriche, dont il a dès lors été question et qui serait de 24 fr. 70 d'or de valeur sur la base de 139 pièces 1/2 par kilogramme d'or fin ou 125,55 par kilogramme à 9/10, ne sera pas plus métrique que nos pièces de 10 et de 20 fr. Elle le sera un peu moins[1], puisqu'elle correspondra pour les espèces d'argent à des poids moins arrondis sous le rapport métrique et décimal que les pièces d'argent de l'union monétaire établie entre la France, la Belgique, la Suisse et l'Italie par la convention du 23 décembre 1867.

Toute idée d'internationalité générale a donc été laissée de côté dans les décisions du congrès économique de Lübeck, et sacrifiée, malgré d'honorables résistances comme celle de M. Bœhmert, à une idée de particularisme allemand.

La Prusse aurait consenti à quitter le thaler, mais, par une abnégation plus apparente que réelle, elle aurait épousé le florin *ancien* d'Autriche, abandonné en principe par cette dernière puissance en vertu de sa convention avec la France du 31 juillet 1867. Le mot de *florin* pouvait aller d'ailleurs au cabinet de Berlin, soit qu'il regarde les petits florins de Bavière, ou ceux de la Hollande, plus loin à l'horizon.

Si les économistes allemands avaient pris pour base le florin métrique de 2 fr. 50 que l'Autriche a adopté en principe en

1. Outre notre observation ci-dessus contre la base du *métal fin*.

1867 et en vue duquel elle a déjà frappé des pièces de 10 et de 20 francs sous des inscriptions marquant les équations correspondantes en florins, il y aurait eu là au contraire une grande idée de conciliation et de rapprochement avec le système des 94 millions d'âmes groupées en principe autour de la convention de 1865.

Mais l'idée de persévérance dans une tradition nationale combinée peut-être avec des appétences circonférentielles germaniques l'a emporté dans les délibérations de Lübeck sur les tendances plus généreuses de MM. Mohl et Bœhmert.

Ce qui est plus grave, c'est que les votes de Lübeck ont été suivis par les législateurs. Voici en effet la Loi monétaire allemande qui a été promulguée par l'empereur Guillaume, après avoir été adoptée en troisième lecture, le 24 novembre 1871, par le Reichstag, à la suite de diverses transformations de la proposition primitive.

1. Il sera frappé une monnaie d'or impériale à la taille de 139 pièces 1/2 par livre d'or fin.

2. La dixième partie de cette monnaie est nommée *marc* et divisée en cent deniers.

3. Outre la monnaie impériale de 10 marcs on frappera des pièces de 20 marcs à la taille de 69 3/4 par livre d'or fin.

4. L'alliage des monnaies d'or impériales est fixé à 900 millièmes d'or et 100 millièmes de cuivre. Par conséquent 125,55 pièces de 20 marcs et 62,775 pièces de 20 marcs pèseront une livre.

5. Les monnaies d'or impériales portent sur une face l'aigle impériale avec l'inscription *Empire Allemand*, avec l'indication de la valeur en marcs et le millésime de la fabrication, et sur l'autre face l'effigie du souverain territorial ou le signe de la souveraineté des villes libres avec une inscription correspondante et le signe monétaire. Le diamètre des monnaies, la nature et l'inscription des tranches seront déterminés par le Conseil fédéral.

6. Jusqu'à la promulgation d'une loi sur le retrait des grosses monnaies d'argent, la frappe des monnaies d'or a lieu aux frais de l'empire pour les divers États fédéraux qui s'y sont déclarés prêts et dans leurs hôtels monétaires.

Le chancelier de l'Empire détermine sous l'approbation du

Conseil fédéral les quotités de monnaies d'or à frapper, la répartition de ces quotités entre les diverses sortes de pièces et les divers hôtels monétaires, ainsi que la compensation à accorder à ces hôtels pour le frappage de chaque genre de pièces. Il pourvoit chaque hôtel monétaire de l'or qui lui est nécessaire pour les frappes dont il est chargé.

7. Le procédé pour le frappage des monnaies d'or impériales est fixé par le Conseil fédéral et est soumis à la surveillance de l'Empire. Ce procédé doit assurer l'exactitude parfaite des monnaies sous le rapport du contenu et du poids. Une exactitude absolue ne pouvant être assurée à chaque pièce, la tolérance en plus ou en moins sous le rapport du poids ne peut excéder 2 millièmes 1/2, et la tolérance, quant à l'or fin, ne peut excéder 2 millièmes.

8. Tous les payements à faire légalement en thalers, en monnaie du sud de l'Allemagne, en monnaies courantes de Lübeck et de Hambourg ou en thalers d'or de Brême pourront être opérés en monnaies déterminées aux §§ 1 et 3, sur le pied de la pièce de 10 marcs représentant 3 thalers 1/3 ou 5 florins 50 kr. de monnaie du sud, 8 marcs 5 1/3 schelling de monnaie courante de Lübeck et Hambourg et 6 2/93 pièces de monnaie d'or de Brême.

Et la pièce de 20 marcs équivalant à 6 2/3 thalers ou 11 florins 40 kr. de monnaie du sud, etc.

9. Les monnaies d'or impériales, dont le poids n'est pas de plus de 5 millièmes au-dessous du poids normal déterminé dans le § 4 et qui ne sont pas réduites par atteinte violente ou illégale, doivent être acceptées dans tous les payements.

Les monnaies d'or impériales qui n'ont pas ce poids de rigueur (Passiergewicht) et qui ont été acceptées en payement par les caisses de l'Empire, des États, des provinces ou des communes ainsi que par des établissements de finance et de crédit, ne doivent pas être remises en circulation par ces caisses ou établissements.

Les monnaies d'or impériales, qui par suite du frottement et de la trop longue circulation ont perdu tant qu'elles n'ont plus le poids de rigueur, sont retirées pour être refondues au compte de l'Empire. Les monnaies ainsi usées doivent être acceptées dans toutes les caisses de l'Empire et des États fédéraux pour la valeur à laquelle elles ont été émises.

10. Toute frappe d'autres monnaies d'or que celles qui sont ci-dessus déterminées, et de grosses monnaies d'argent, à l'exception de monnaies commémoratives, cesse à l'avenir.

11. Les monnaies d'or des États fédéraux actuellement en circulation seront retirées aux frais de l'Empire au fur et à mesure de l'émission des nouvelles monnaies d'or.

Le chancelier de l'Empire est autorisé à ordonner de la même manière le retrait des grosses monnaies d'argent des États allemands et à prendre à cet effet les ressources nécessaires sur les fonds prêts dans la caisse impériale; compte sera annuellement rendu au Reichstag de l'exécution des précédentes mesures (dans la session ordinaire).

12. Des poids seront livrés à la gravure et à l'impression pour servir à déterminer le poids normal et le poids de rigueur de chaque pièce d'or, qui doit être frappée aux termes de la présente loi, ainsi que d'un multiple de cette pièce.

On observera pour la gravure et l'impression de ces poids les déterminations des articles 10 et 18 de l'ordonnance du 17 août 1868 sur les poids et mesures.

Telle est la loi qui est déjà en cours d'exécution, plusieurs États allemands ayant commencé déjà l'émission de pièces de 20 marcs, appelées *aigles*.

Ce texte soulève deux genres de réflexions portant sur le type choisi par l'Allemagne et sur la question du métal que ce pays se propose de faire prédominer dans la circulation.

En ce qui concerne le type, la Prusse a consenti à une concession plus apparente que réelle envers les autres États allemands. Elle a sacrifié son vieux thaler, et même le florin, à une unité nouvelle, le *marc*, qui est le tiers exact du thaler. Le *Reichstag* a tenu à cette concession; car lorsqu'il a trouvé dans le projet des traces de l'affection pour le thaler, par exemple en ce qui concernait une pièce d'or de 30 marcs décuple du thaler, il l'a rejetée pour que le marc fût la base effective et absolue du système nouveau. Au fond, toutefois le marc est aussi exclusivement germanique que le thaler, dont il est le tiers exact.

A ce sujet il faut jeter un regard en arrière. Dans son désir d'emprunter à la France ce qu'elle ne pouvait tirer d'elle-même, mais en y opposant un cachet germanique, l'Allemagne, en 1857, s'imagina de faire reposer son système monétaire sur le système métrique des poids, mais en altérant la base française qui consiste à mettre la monnaie en rapport avec le poids du métal allié à 9/10, et en choisissant au contraire pour base le poids du métal fin. De là des rapports irrationnels entre des monnaies également en relation avec une base cependant identique.

Le franc, 200e partie d'un kilogramme d'argent à 9/10 *de fin*, a, par exemple, un rapport fort irrégulier avec le thaler, 60e partie d'un kilogr. d'argent *fin*. Le thaler représente 3 fr. 70,3.

Aussi en adoptant le marc comme base de sa nouvelle monnaie, l'Allemagne continue à côtoyer le système français absolument comme avec le thaler, mais sans établir avec lui des points de contact satisfaisants pour l'intérêt réciproque des deux nations.

Il est vrai que l'Allemagne pensait, ou croyait devoir parler autrement dans la conférence de 1867.

Mais les victoires de 1870 et de 1871 ont fait qu'elle eût pensé presque déroger en se coordonnant avec le système du franc, comme l'avaient demandé des *monétaires* intelligents, tels que MM. Mohl et Bœhmert; et qui sait même si elle n'a pas cherché à isoler systématiquement ses populations des nôtres?

S'il y a un point de contact entre la circulation française et la circulation allemande nouvelle, il sera en quelque sorte involontaire de la part de nos voisins du Nord-Est. En voici un toutefois:

Une pièce de 20 marcs et une pièce de 10 marcs réunies représenteront 37 fr. 03, et il est évident que l'on peut dire 37 francs dans la pratique courante des échanges.

Il est à observer que la pièce de 30 marcs était demandée pour d'autres motifs que pour cette équation, par le Gouvernement allemand et par le Conseil fédéral. Le Reichstag en a pensé autrement, et comme 30 marcs représentaient 10 anciens thalers, l'Allemagne en craignant d'être trop *prussienne*, a peut-être manqué un point de contact *international*, qui avait son petit intérêt, lequel est passé, je crois, inaperçu dans ses délibérations.

L'Allemagne ayant pris le tiers du thaler pour unité, pouvait encore se donner une monnaie d'or, en rapport avec la monnaie des États concordataires de 1865.

Si elle eût adopté le rapport de valeur de 1 à 15,30 entre

l'or et l'argent, une pièce de 20 marcs eût été l'équivalent de 25 francs : c'est ce qu'avait proposé M. Bœhmert, c'est ce sur quoi insistait M. le Touzé en France.

Mais la France ayant le rapport de 1 à 15,50, l'or serait arrivé en France beaucoup plus qu'en Allemagne, puisqu'il y aurait été payé plus que dans ce dernier pays.

Or l'Allemagne sait très-bien ce qui se passe dans le monde et surtout autour d'elle. C'est sa vieille et studieuse tradition. Elle sait que la Conférence internationale de 1867, dans laquelle elle souffrait de l'effacement de son rôle, a adopté l'étalon d'or en principe. Elle sait que les économistes français les plus éclairés se sont efforcés de faire réaliser dans notre système monétaire depuis 1867 le perfectionnement au prix duquel les autres nations mettaient leur accession de principe à la monnaie française.

Déjà on avait pu voir, de 1868 à 1870, se dessiner en Allemagne des tendances à tarifer l'or plus avantageusement qu'en France, et dès lors le rapport de 1 à 15,50 ne suffisait point aux tendances allemandes, plus portées à excéder qu'à restreindre celui de 1 à 15,50 choisi dans notre pays.

Nos voisins savent que du même coup ils peuvent attirer l'or chez eux et le rendre plus rare chez nous.

En y réfléchissant, l'Allemagne s'est convaincue qu'il y avait quelque chose de plus efficace qu'un tarif quelconque de l'or, pour l'attirer sur son marché national.

La législation monétaire d'un État sur le rapport des métaux précieux exerce une grande influence sur l'afflux de tel ou tel métal dans les ateliers monétaires du pays. Elle constitue une intervention de la puissance publique dans le rapport de l'offre et de la demande.

Si un État attribue à l'or une valeur supérieure par rapport à l'argent relativement à la proportion admise dans un État voisin, le métal plus apprécié quittera le pays où il est moins évalué, pour émigrer dans celui où il se trouve mieux accueilli.

Il y a là comme une action capillaire qui peut détourner le transport de l'un des métaux d'un pays sur l'autre, en expulsant en sens inverse l'autre métal moins estimé par rapport au précédent.

C'est là le plan que nous avons quelquefois supposé à l'Allemagne, plan qui a été signalé dans la grande enquête monétaire faite en 1870 devant le Conseil supérieur du commerce et de l'industrie, enquête qui commence à recevoir en partie la publicité désirable[1].

Mais il y a quelque chose de plus efficace pour un pays qu'une tarification quelconque de l'or par rapport à l'argent, c'est la législation de l'étalon d'or unique qui impose à tous ceux qui veulent acheter dans ce pays ou y voyager, la nécessité de se pourvoir du seul métal qui ait dans son territoire la valeur libératoire et la puissance d'achat.

En outre l'étalon d'or unique repoussé en France par un ou deux économistes, par un ou deux bureaucrates et par la Banque de France, est la théorie généralement adoptée dans l'École économique et dans l'Europe éclairée.

En laissant la France sommeiller dans son ignorance économique sur ce point, aux pieds des influences que je viens de résumer, la Prusse sait qu'adopter l'étalon d'or unique c'est pour elle relever notre négligence, prendre la tête du mouvement monétaire international et se procurer la chance de nous enlever le rôle que la confiance de l'Europe donnait en 1867 à notre ascendant. Et voyez comme elle a su appliquer ces pensées dans la loi dont nous avons traduit les termes ci-dessus !

Les monnaies courantes d'argent n'y ont plus qu'un cours provisoire. Il n'en est plus frappé, et les articles 6 et 11 sont relatifs à leur retrait[2]. Il semble que ce retrait peut être à la fois légal et ostensible (art. 6) et en même temps successif et occulte sous la direction de l'Exécutif (art. 10).

Du jour où ce retrait sera effectué, l'argent sera avili sur le continent. Il viendra prendre sa place plus grande dans les pays où il a comme en France, en Belgique et en Italie un cours fixe par rapport à l'or. Mais dès lors ces pays ne pourront plus passer à l'étalon d'or qu'avec une difficulté extrême.

Ils avaient l'avance dans ce sens depuis longtemps. Il est

1. Le premier volume de cette enquête a été déjà distribué.

M. Sacerdoti, professeur à Padoue, a fait, de cette enquête, l'objet d'une brochure intéressante sur laquelle nous avons fait un rapport succinct à l'Académie des sciences morales et politiques, au mois de novembre 1871.

2. Dans le numéro de décembre du *Journal des Économistes*, M. Léon a exposé que le *gâchis monétaire allemand* ne serait nullement diminué à cause du cours maintenu pour ces pièces d'argent, mais il ne paraît pas avoir saisi le caractère transitoire de cette situation. L'Allemagne se place, avec l'Angleterre, le Portugal et le Brésil, parmi les nations soumises à l'étalon d'or unique.

probable que la situation sera prochainement inverse et que les quatre nations, qui étaient les plus rapprochées de l'étalon d'or, en seront placées à une assez grande distance par le seul résultat de la législation allemande nouvelle, qui paraît en voie d'application rapide[1].

Pour ce qui concerne le régime de l'étalon métallique, l'Allemagne a donc profité habilement de nos travaux, et elle a su retirer des conclusions de la conférence internationale de Paris en 1867, et des études faites depuis lors en France, ce qu'il y avait de pratique pour se l'approprier. Nous devons le constater, et avec plus de regrets pour notre pays que de satisfaction pour nous-même, mesurer tout ce que coûtent à la France son inertie en présence des idées de progrès qui lui sont soumises et cette fatalité qui est la suite de notre ignorance économique, fatalité dont il résulte que les travaux scientifiques produits en France éclairent plus les gouvernements étrangers que celui de la France elle-même.

Que s'est-il passé à Paris en 1867? Dans une conférence internationale très-importante, le système monétaire français a été adopté comme le rendez-vous commun des systèmes européens, moyennant un perfectionnement consistant à le fonder définitivement sur la théorie économique de l'étalon d'or unique. Aussitôt après, grâce aux lumières du représentant de l'Autriche et peut-être à son amicale union de travaux avec nous, conclusion d'une convention par laquelle l'Autriche accepte un système monétaire en rapport avec le nôtre, et, chose remarquable, s'oblige elle-même plus que nous, en nous laissant le temps de prendre un délai indéfini pour trancher pratiquement cette question d'étalon, au sujet de laquelle on connaît les résistances persévérantes de quelques-uns de nos *financiers*.

Pour nous personnellement, nous nous livrons à de vains efforts tout à la fois pour faire convertir en convention définitive la convention préliminaire du 31 juillet 1867 avec l'Autriche, et pour faire adopter en France l'étalon d'or unique, d'autant plus que, comme nous l'annonçons, l'or sera bientôt plus demandé à l'étranger et l'argent rejeté dès lors sur notre marché qui lui servira de refuge. Malgré des démarches conti-

1. D'après le *Journal de Genève* du 19 mars 1872, les hôtels monétaires de l'Allemagne ont déjà frappé 40 millions de marcs en or.

nuées trois ans, nous rencontrons une grande indécision du gouvernement, des chambres et de l'opinion au sujet du traité avec l'Autriche.

Des délibérations intérieures sont sans cesse renouvelées sur la question d'étalon. En vain, dès 1868, les trésoriers-payeurs généraux et les chambres de commerce se sont montrés favorables. En vain, une commission administrative importante a conclu pour l'adoption de l'étalon d'or unique et pour la cessation de la fabrication des écus de 5 fr. à 9/10 de fin en argent, dans un rapport daté de mars 1869.

L'empirisme financier, qui est si influent depuis longtemps en France[1] et qui redoute autant les leçons de la science économique sur l'impôt que sur les questions monétaires, a fait considérer les conclusions de la commission de mars 1869 comme une sorte d'hérésie à soumettre à un nouveau concile, c'est-à-dire au conseil supérieur du commerce occupé de ce soin pendant le premier semestre de 1870, et dont les votes, encore non publiés, ont derechef confirmé sur la question d'étalon les conclusions de la commission de 1869.

La guerre qui est survenue a troublé les facilités qui avaient existé depuis 1867 pour modifier la législation monétaire et a montré l'inconvénient d'avoir différé la marche en avant, lorsqu'elle était en 1869 surtout si facile.

L'étranger a tiré un égal enseignement de ce que nous avons appelé souvent une regrettable *procrastination* de notre administration, et des études faites par quelques-uns de nous pour préparer une voie de progrès.

S'apercevant que nous négligions la convention avec l'Autriche du 31 juillet 1867, et que nous laissions en cette matière le dernier mot à des critiques dédaigneux, insinuant plus ou moins haut l'inutilité d'un accord sur le type monétaire avec un pays qui se sert plus de papier que de métaux, l'Allemagne du Nord a regardé comme bon le morceau dont nous semblions faire fi.

Le vote du congrès de Lübeck a été, en quelque sorte en matière monétaire, le pendant de ce que les visites de l'empe-

1. Tous les ministres des finances t j'ai s ' i les actes, depuis M. Fould mon collègue au 31 octobre 1849, j u'à M. Pouy -Quertier, m'ont paru, à l'exception de M. Bineau, avoir pe trop de défia ce pour l'économie politique.

reur d'Allemagne rendues vers la même époque à Salzbourg et à Gastein étaient dans l'ordre politique, une avance de l'Allemagne du Nord à l'Austro-Hongrie pour un rapprochement sur des terrains désertés en 1867 par l'Autriche.

Et d'un autre côté, la science allemande s'est en quelque sorte approprié, pour la manière de passer à l'étalon unique d'or, les conclusions de nos délibérations de 1869, avec lesquelles certains des votes de Lübeck ont une évidente analogie. Les idées du congrès de Lübeck, modifiées seulement par la substitution du marc de 10 silbergros au florin de 20 silbergros, ont été traduites dans la loi nouvelle.

En résumé, du côté de l'Allemagne, politique habile, vigilante, prompte et décidée, quoique jalouse regrettablement dans une partie de son plan monétaire. De notre côté, ajournement et indécisions perpétuels. Ni habileté généreuse ni égoïsme. Double faute en négligeant de faire passer les principes de la conférence de 1867 dans notre législation intérieure rapidement après cette conférence, et en négligeant aussi de faire consolider en Autriche l'accord posé dans les préliminaires du 31 juillet et les conséquences à en déduire par des arrangements définitifs.

Si cela eût eu lieu, et nous l'avons demandé autant dans la presse comme publiciste que dans des correspondances à demi officielles comme vice-président du conseil d'État et ancien vice-président de la conférence internationale de 1867, le système monétaire du sud-ouest de l'Europe, fondé sur le *franc*, irait probablement rejoindre par la large zone de l'Austro-Hongrie le petit domaine moldo-valaque qui s'y est rattaché. L'Allemagne, ainsi entourée par ce système à l'ouest et au sud, aurait senti l'intérêt de s'y rattacher sous telle ou telle formule conservant le souvenir de ses traditions nationales.

Aujourd'hui l'idée paraît venue à l'Allemagne du Nord de faire de l'adoption sinon de l'ancien florin autrichien, au moins du marc qui en est la moitié exacte, la base d'un second groupe monétaire austro-allemand dédaignant tout accord avec le groupe français italien suisse belge et espagnol; et quant à ses monnaies d'argent dont elle se trouve encombrée, tandis que nous voyons déjà revenir dans la circulation nos lourds écus de 5 francs d'argent (que nous pensons nous être imposés comme la pluie ou le froid, lorsqu'il plaît à Dieu), l'Allemagne compte bien, ses économistes le disent, nous les imposer refondues sous forme de pièce de 5 francs en échange de notre or. Ce jour-là, nous nous dirons, pour nous consoler, qu'après tout le législateur de l'an XI présidait à une époque assez glorieuse pour que nous souffrions quelques inconvénients, en considération de son infaillibilité monétaire.

C'est pour notre pays que nous écrivons ces tristes réflexions, à la charge de qui qu'elles tombent.

Le gouvernement du second Empire, qui a eu le mérite de quelques initiatives monétaires utiles de 1865 à 1867, ne les a pas depuis lors continuées avec toute la conviction et la célérité désirables, que j'ai dès lors réclamées.

L'opposition stérile ici comme d'habitude, si ce n'est comme instrument d'arrêt en certaines occasions, n'a pas apporté le moindre secours aux idées de progrès. Un amendement déposé par un membre de la majorité, M. Darimon, a été en 1868 la seule participation du Corps législatif à cette politique monétaire que nos voisins comprennent, dans laquelle plusieurs de leurs représentants ont manifesté des initiatives dignes de remarque et dans laquelle ils paraissent devoir utiliser les leçons de notre inertie comme celles qui sortent de nos essais vers le progrès.

Dans une circonstance où il reste encore quelque chose à faire pour le progrès de notre question monétaire en France et au dehors, nous ignorons ce que nous pouvons attendre de l'administration actuelle. Celle du 4 septembre a fait une sorte de pas rétrograde en rétractant la coupure de 25 francs.

La plupart de nos gouvernants sont sortis de cette école d'opposition inféconde qui détruit mais n'élève pas.

Parmi les plus anciens, il en est qui, malgré leurs habiletés brillantes et variées, ont manifesté peu d'invention économique dans diverses questions d'impôts, et dans la question monétaire elle-même. Souhaitons qu'il ne faille pas ajouter à ces circonstances le sentiment de réaction mesquin et sans patriotisme qui porte les gouvernements à méconnaître souvent ce qui leur vient de leurs prédécesseurs [1].

Il ne paraîtra pas surprenant dans ces circonstances que les

1. Nous avons reçu de M. de Rémusat une lettre qui donnant raison à notre sollicitude dès le mois d'octobre 1871, accuse, par cela même, une inertie dont nous ne recherchons pas le siége précis.

efforts loyaux que nous avons faits et que nous continuons par notre plume, pour exciter l'administration actuelle à la continuation de l'intérêt porté par le gouvernement impérial à la question monétaire internationale, n'aient pas encore trouvé de succès.

Mais cette situation, bien que sous certains rapports ingrate, ne nous rebutera pas de présenter, quand il y aura lieu, les réflexions qui nous sembleront utiles.

Certes, les travaux et les efforts opérés dans le sens du progrès et de l'unification monétaire[1] ne seraient pas tous perdus, si nous le voulions bien, même par l'adoption des conclusions de la réunion de Lübeck, légèrement modifiées dans la loi votée par le Reichstag.

La démonétisation des nouvelles monnaies allemandes projetées et la prédominance de l'or sont des conséquences des principes posés en 1867. Mais une pièce d'or de 24 fr. 70 ajoutée à celle de 25 fr. 20 en Angleterre et à la pièce de 25 fr. que la conférence de 1867 espérait voir fonctionner comme le pivot général de la circulation métallique en Europe, sera la dernière station peut-être, mais on dirait presque aussi l'ironie du particularisme s'approchant de l'unité pour lui refuser son adhésion, et se réfugiant dans le dualisme, comme les assiégés qui ont perdu une ville se réduisent dans la citadelle.

Soit que l'Allemagne se montre empressée ou retardée dans la mise à exécution du plan plus ou moins modifié de Lübeck, nous avons encore, dans cette question internationale, des intérêts un peu plus restreints mais réels, et il est très-désirable que nos rapports monétaires avec l'Espagne, la Suède et l'Autriche soient consolidés et affermis.

Si l'Autriche en particulier, suivant les impulsions scienti-

1. L'impulsion donnée aux idées d'uniformité monétaire en 1867 s'est continuée sous diverses formes dans divers pays. On sait que les gouvernements de Suède et d'Autriche ont fait frapper des pièces d'or équivalentes à celles de l'union de 1865.

En Angleterre, diverses tentatives ont été faites au nom des intérêts commerciaux avec la faveur évidente de M. Lowe, chancelier de l'Échiquier.

Nous lisions encore récemment dans l'*Evening Standard*, du 14 septembre 1871, le compte rendu d'une réunion des actionnaires de la Banque d'Angleterre, dans laquelle M. Jones a appelé l'attention du gouverneur et des directeurs sur les avantages d'assimiler la roupie indienne avec le florin anglais, et M. Bailey a annoncé son intention de proposer à la réunion suivante une idée internationale en vue d'une circulation universelle.

fiques et progressives que lui a inspirées la convention préliminaire de 1867, développait sa fabrication d'or déjà importante, sous sa belle effigie internationale, si elle mettait son florin courant d'argent et de papier en rapport avec son nouveau florin de 2 fr. 50 en or, un grand et honorable rôle lui serait acquis dans le progrès des institutions monétaires vers l'unité dans le sud de l'Europe.

Mais c'est ici que l'inertie dont nous nous plaignons se développe sous une seconde face.

Engourdis dans le système du double étalon, malgré les avis nombreux qui nous provoquent à en sortir depuis 1867, nous ne sommes pas moins indifférents à la propagation de notre type monétaire.

Il est vrai que l'espoir de son universalisation est compromis devant la législation allemande nouvelle. Mais ne serait-ce rien que voir grandir le cercle de notre propre système et de voir élargir l'association des pays dans lesquels notre type monétaire sert à mesurer la valeur?

Or l'Autriche en exécutant pour ce qui concerne la monnaie d'or, la convention préliminaire de 1867, avait droit au moins à ce que nous admissions en retour ses belles monnaies d'or dans nos caisses publiques.

Cette admission a lieu en Suisse. Si elle se généralisait en France, en Italie et en Belgique, le cours de la monnaie d'or sous la forme internationale que l'Autriche-Hongrie a heureusement imaginée, serait accru et encouragé d'autant, tandis que notre indifférence pèse, au contraire, sur l'Autriche comme une cause de découragement et peut la rejeter dans les bras de l'Allemagne, dont 1866 l'avait détachée, à notre profit, sous le rapport monétaire.

Notre devoir est de signaler une politique d'impuissance et d'inertie qui ne pourrait, nous le croyons, se justifier, si elle était publiquement discutée, mais qui n'en produit pas moins ses fruits relativement désastreux.

On dirait qu'en Allemagne le pouvoir est à la pensée, tandis que chez nous il appartient à un esprit brillant, mais stérile.

Puisse l'avenir n'avoir point à constater que les États groupés par la convention monétaire de 1865 dans une combinaison des principales familles latines associées à certains éléments germaniques, ont eu, dès 1867, la possibilité d'exercer par leur union et leur initiative, par leur activité appliquée à l'extension des principes de la conférence monétaire internationale de 1867, une influence salutaire et peut-être décisive pour la fusion des types monétaires principaux de l'Europe, mais qu'à défaut de cette initiative provoquée par plus d'un publiciste ils ont seulement abouti à solliciter l'émulation d'autres groupes européens pour constituer de nouvelles fédérations monétaires, utiles sans doute relativement aux populations dont elles font cesser l'isolement respectif, mais imparfaites en regard de celles dont elles consacrent la séparation !

Paris, 25 avril 1872.

ANNEXE.

Convention monétaire du 23 décembre 1865.

ART. 1er. La France, la Belgique, l'Italie et la Suisse sont constituées à l'état d'Union pour ce qui regarde le poids, le titre, le module et le cours de leurs espèces monnayées d'or et d'argent.

Il n'est rien innové, quant à présent, dans la législation relative à la monnaie de billon, pour chacun des quatre États.

2. Les Hautes Parties contractantes s'engagent à ne fabriquer ou laisser fabriquer, à leur empreinte, aucune monnaie d'or dans d'autres types que ceux des pièces de cent francs, de cinquante francs, de vingt francs, de dix francs et de cinq francs, déterminés, quant au poids, au titre, à la tolérance et au diamètre, ainsi qu'il suit :

NATURE DES PIÈCES.		POIDS.		TITRE.		DIAMÈTRE.
		Poids droit.	Tolérance de poids tant en dehors qu'en dedans.	Titre droit.	Tolérance du titre tant en dehors qu'en dedans.	
	francs.	grammes.	millièmes.	millièmes.	millièmes.	millimètres.
Or......	100	32.258 06	1	900	2	35
	50	16.129 03				28
	20	6.451 61	2			21
	10	3.225 80				19
	5	1.612 90	3			17

Elles admettront sans distinction dans leurs caisses publiques les pièces d'or fabriquées sous les conditions qui précèdent, dans l'un ou l'autre des quatre États, sous réserve, toutefois, d'exclure les pièces dont le poids aurait été réduit par le frai d'un demi pour cent au-dessous des tolérances indiquées ci-dessus, ou dont les empreintes auraient disparu.

3. Les Gouvernements contractants s'obligent à ne fabriquer ou laisser fabri-

quer de pièces d'argent de cinq francs que dans les poids, titre, tolérance et diamètre déterminés ci-après :

POIDS.		TITRE.		DIAMÈTRE.
Poids droit.	Tolérance de poids tant en dehors qu'en dedans.	Titre droit.	Tolérance du titre tant en dehors qu'en dedans.	
25 grammes.	3 millièmes.	900 millièmes.	2 millièmes.	37 millimètres.

Ils recevront réciproquement lesdites pièces dans leurs caisses publiques, sous la réserve d'exclure celles dont le poids aurait été réduit par le frai de un pour cent au-dessous de la tolérance indiquée plus haut, ou dont les empreintes auraient disparu.

4. Les Hautes Parties contractantes ne fabriqueront désormais de pièces d'argent de deux francs, de un franc, de cinquante centimes et de vingt centimes, que dans les conditions de poids, de titre, de tolérance et de diamètre déterminées ci-après :

NATURE DES PIÈCES.		POIDS.		TITRE.		DIAMÈTRE.
		Poids droit.	Tolérance de poids tant en dehors qu'en dedans.	Titre droit.	Tolérance du titre tant en dehors qu'en dedans.	
	fr. c.	grammes.	millièmes.	millièmes.	millièmes.	millimètres.
Argent..	2 00	10 00	5	835	3	27
	1 00	5 00				23
	0 50	2 50	7			18
	0 20	1 00	10			16

Ces pièces devront être refondues par les Gouvernements qui les auront émises, lorsqu'elles seront réduites par le frai de cinq pour cent au-dessous des tolérances indiquées ci-dessus, ou lorsque leurs empreintes auront disparu.

5. Les pièces d'argent de deux francs, de un franc, de cinquante centimes et de vingt centimes, fabriquées dans des conditions différentes de celles qui sont indiquées en l'article précédent, devront être retirées de la circulation avant le 1er janvier 1869.

Ce délai est prorogé jusqu'au 1er janvier 1878 pour les pièces de deux francs et de un franc émises en Suisse, en vertu de la loi du 31 janvier 1860.

6. Les pièces d'argent fabriquées dans les conditions de l'article 4 auront cours légal, entre les particuliers de l'État qui les a fabriquées, jusqu'à concurrence de cinquante francs pour chaque payement.

L'État qui les a mises en circulation les recevra de ses nationaux sans limitation de quantité.

7. Les caisses publiques de chacun des quatre Pays accepteront les monnaies d'argent fabriquées par un ou plusieurs des autres États contractants, conformément à l'article 4, jusqu'à concurrence de cent francs pour chaque payement fait auxdites caisses.

Les Gouvernements de Belgique, de France et d'Italie recevront dans les mêmes termes, jusqu'au 1er janvier 1878, les pièces suisses de deux francs et de un franc émises en vertu de la loi du 31 janvier 1860, et qui sont assimilées sous tous les rapports, pendant la même période, aux pièces fabriquées dans les conditions de l'article 4.

Le tout sous les réserves indiquées en l'article 4, relativement au frai.

8. Chacun des Gouvernements contractants s'engage à reprendre des particuliers ou des caisses publiques des autres États les monnaies d'appoint en argent qu'il a émises et à les échanger contre une égale valeur de monnaie courante (pièces d'or ou pièces de cinq francs d'argent), à condition que la somme présentée à l'échange ne sera pas inférieure à cent francs. Cette obligation sera prolongée pendant deux années, à partir de l'expiration du présent Traité.

9. Les Hautes Parties contractantes ne pourront émettre des pièces d'argent de deux francs, de un franc, de cinquante centimes et de vingt centimes, frappées dans les conditions indiquées par l'article 4, que pour une valeur correspondant à six francs par habitant.

Ce chiffre, en tenant compte des derniers recensements effectués dans chaque État et de l'accroissement présumé de la population jusqu'à l'expiration du présent Traité, est fixé :

Pour la France, à........................	239,000,000f
Pour la Belgique, à......................	32,000,000
Pour l'Italie, à.........................	141,000,000
Pour la Suisse, à........................	17,000,000

Sont imputées sur les sommes ci-dessus, que les Gouvernements ont le droit de frapper, les valeurs déjà émises :

Par la France, en vertu de la loi du 25 mai 1864, en pièces de cinquante centimes et de vingt centimes, pour environ seize millions ;

Par l'Italie, en vertu de la loi du 24 août 1862, en pièces de deux francs, un franc, cinquante centimes et vingt centimes, pour environ cent millions ;

Par la Suisse, en vertu de la loi du 31 janvier 1860, en pièces de deux francs et de un franc, pour dix millions cinq cent mille francs.

10. Le millésime de fabrication sera inscrit désormais sur les pièces d'or et d'argent frappées dans les quatre États.

11. Les Gouvernements contractants se communiqueront annuellement la quotité de leurs émissions de monnaies d'or et d'argent, l'état du retrait et de la refonte de leurs anciennes monnaies, toutes les dispositions et tous les documents administratifs relatifs aux monnaies.

Ils se donneront également avis de tous les faits qui intéressent la circulation réciproque de leurs espèces d'or et d'argent.

12. Le droit d'accession à la présente Convention est réservé à tout autre État qui en accepterait les obligations et qui adopterait le système monétaire de l'Union, en ce qui concerne les espèces d'or et d'argent.

13. L'exécution des engagements réciproques contenus dans la présente Convention est subordonnée, en tant que de besoin, à l'accomplissement des formalités et règles établies par les lois constitutionnelles de celles des Hautes Parties contractantes qui sont tenues d'en provoquer l'application, ce qu'elles s'obligent à faire dans le plus bref délai possible.

14. La présente Convention restera en vigueur jusqu'au 1er janvier 1880. Si, un an avant ce terme, elle n'a pas été dénoncée, elle demeurera obligatoire de plein droit pendant une nouvelle période de quinze années, et ainsi de suite, de quinze ans en quinze ans, à défaut de dénonciation.

15. La présente Convention sera ratifiée, et les ratifications en seront échangées à Paris dans le délai de six mois [illegible] tôt si faire se peut.

12367. — Typog[ra]phie Lahure, r[u]e de [Fl]eurus, 9.

www.ingramcontent.com/pod-product-compliance
Ingram Content Group UK Ltd.
Pitfield, Milton Keynes, MK11 3LW, UK
UKHW012125240726
13965UKWH00005B/1973